Jill Tomlinson
Die kleine Eule

Jill Tomlinson wurde in England geboren, war zunächst Opernsängerin, verlegte sich aber später ganz auf das Schreiben von Kinderbüchern. Ihre Geschichten wurden weit über England hinaus bekannt und in mehrere Sprachen übersetzt. Jill Tomlinson starb Ende der 70er Jahre.

Heinz Schindele, geb. 1939, arbeitet zur Hälfte als Lithograph in einer Stuttgarter Druckerei, zur Hälfte als freier Zeichner. Er illustrierte u. a. Bücher von Christian Morgenstern, Joachim Ringelnatz sowie den Kinderbuchautoren Ursula Fuchs und Paul Biegel.

Jill Tomlinson

Die kleine Eule

Mit Zeichnungen von
Heinz Schindele

Otto Maier Ravensburg

Deutsche Erstausgabe
als Ravensburger Taschenbuch Band 1535,
erschienen 1986

Die englische Originalausgabe erschien 1968
im Verlag Methuen & Co. Ltd., London

Aus dem Englischen von Ulla Neckenauer

Umschlagillustration: Heinz Schindele

Satz: Fotosatz Ruderer, Grünkraut
Gesamtherstellung: Ebner Ulm
Printed in Germany

11 10 9 8 7 96 95 94 93 92

ISBN 3-473-51535-3

Inhalt

für Philip,
und natürlich für D. H.

Dunkelheit ist aufregend

Platsch war eine kleine, männliche Schleiereule, und er lebte mit seiner Mama und seinem Papa auf der Spitze eines mächtigen Baumes, der auf einer Wiese stand.
Platsch war dick und flaumig.
Er hatte einen wunderschönen, herzförmigen Gesichtsschleier.
Er hatte riesige, runde Augen.
Er hatte ziemliche X-Beine.
Tatsächlich war er genauso wie alle anderen Schleiereulen-Küken jemals zuvor. Nur in einem einzigen Punkt unterschied er sich.
Platsch hatte Angst vor der Dunkelheit.

„Es kann einfach nicht sein, daß du Angst hast vor der Dunkelheit“, sagte seine Mama. „Eulen haben *nie* Angst vor der Dunkelheit.“
„Ich schon“, sagte Platsch.
„Eulen sind doch *Nacht*vögel“, sagte sie.
Platsch sah auf seine Zehen. „Ich will kein Nachtvogel sein“, brummelte er. „Ich will ein Tagvogel sein.“

„Du *bist*, was du *bist*“, sagte Frau Schleiereule streng.
„Ja, das weiß ich“, stimmte Platsch zu. „Und ich bin ein Angsthase, sobald es dunkel wird.“
„Oje“, sagte Frau Schleiereule. Ihr war klar, daß sie viel Geduld brauchen würde. Sie

klappte die Augen zu und überlegte, was sie tun konnte, damit Platsch keine Angst mehr hatte. Platsch wartete.

Seine Mutter klappte die Augen wieder auf. „Platsch, du hast nur Angst vor der Dunkelheit, weil du nichts über sie weißt. Was weißt du denn eigentlich über die Dunkelheit?“

„Daß sie schwarz ist“, sagte Platsch.

„Das stimmt schon mal nicht. Sie kann silbern sein oder blau oder grau. Sie kann aber auch alle möglichen anderen Farben haben. Aber schwarz ist sie fast nie. Was weißt du sonst noch über die Dunkelheit?“

„Ich mag sie nicht“, sagte Platsch. „Ich mag sie *überhaupt nicht*.“

„Das heißt aber nicht, daß du etwas über sie *weißt*“, sagte seine Mutter. „Wenn du sagst, daß du die Nacht nicht *magst*, dann ist das bloß ein Gefühl. Ich glaube, du weißt rein gar nichts über die Dunkelheit.“

„Dunkelheit ist gräßlich“, sagte Platsch laut.

„Woher willst du das wissen? Nach der Dämmerung hast du noch nie den Schnabel aus dem Nestloch gesteckt. Ich glaube, am besten fliegst du mal hinunter in die Welt und lernst noch ein paar Dinge über die

Dunkelheit, bevor du dir eine Meinung bildest."

„Jetzt?" fragte Platsch.

„Jetzt", sagte seine Mutter.

Platsch kletterte aus dem Nestloch und stakste draußen auf dem Ast entlang. Er lugte über den Rand hinab. Die Welt schien sehr weit unter ihm zu liegen.

„Im Landen bin ich nicht besonders gut", sagte er. „Vielleicht mache ich Bruch."

„Zum Landen gehört Übung", sagte seine Mutter. „Sieh mal! Da am Waldrand ist ein Junge und sammelt Zweige. Flieg hin und unterhalte dich mit ihm über die Dunkelheit."

„Jetzt?" fragte Platsch.

„Jetzt", sagte seine Mutter. Also machte

Platsch die Augen zu, holte tief Luft und ließ sich von seinem Ast fallen.
Seine kleinen weißen Flügel trugen ihn hinunter, aber wie gesagt beherrschte er das Landen nicht besonders gut, und so machte er sieben flinke Purzelbäume an dem kleinen Jungen vorbei.
„Ooh!" schrie der kleine Junge. „Ein Riesenfeuerrad!"

„In Wirklichkeit", sagte das Feuerrad und erhob sich, „bin ich eine Schleiereule."
„Ja – tatsächlich", sagte der kleine Junge, und er war offensichtlich enttäuscht. „Natürlich kannst du noch gar kein Feuerwerkskörper sein. Vati sagt, daß man ein Feuerwerk erst veranstalten kann, wenn es dunkel ist. Wenn es doch nur schnell dunkel werden würde!"

„Du *willst*, daß es dunkel wird?" fragte Platsch erstaunt.
„Ja, *klar*", sagte der kleine Junge. „*Dunkelheit ist aufregend.* Und heute nacht ist sie besonders aufregend, weil wir ein Feuerwerk machen."
„Was ist ein Feuerwerk?" fragte Platsch. „Ich glaube, bei Eulen gibt es das nicht. Zumindest bei Schleiereulen nicht."
„Nein?" sagte der kleine Junge. „Du Armer. Tja, da gibt es Raketen und Sputniks und Vulkane und Goldregen und Wunderkerzen und..."
„Aber was *ist* das alles?" erkundigte sich Platsch. „Kann man das essen?"
„*Nein*!" lachte der kleine Junge. „Mein Vati zündet sie hinten an, und dann – *schwttt* – schießen sie hinauf in die Luft, und der Himmel ist übersät von bunten Sternen – zumindest bei den Raketen. Und ich darf die Wunderkerzen halten."
„Und was ist mit den Vulkanen? Und den Goldregen? Was machen die?"
„Die Vulkane zerplatzen irgendwie zu einem Sprühregen aus Sternen. Und die Goldregen fallen herunter – na ja, wie Regen eben."

„Und die Sputniks?“
„Die sind absolut super! Sie wirbeln dir um den Kopf und machen *Whiiiii* oder so. Die mag ich am liebsten.“
„Ich glaube, Feuerwerk würde mir auch gefallen“, sagte Platsch.
„Ganz bestimmt“, sagte der kleine Junge. „Wo wohnst du denn eigentlich?“
„Dort oben im Baum – im obersten Stockwerk. Weiter unten wohnen Eichhörnchen.“
„In dem großen Baum mitten auf der Wiese? Von dort aus kannst du dir unser Feuerwerk ansehen! Das da drüben ist unser Garten – der mit der Schaukel. Du mußt Ausschau halten, sobald es dunkel wird...“
„*Muß* es dunkel sein?“ fragte Platsch.
„Klar! Solange es nicht dunkel ist, sieht man die Feuerwerkskörper nicht. So, ich muß gehen. Die Zweige sind fürs Freudenfeuer.“
„Freudenfeuer?“ fragte Platsch. „Was ist das?“
„Das wirst du sehen, wenn du heute nacht Ausschau hältst. Auf Wiedersehen!“
„Auf Wiedersehen“, sagte Platsch und machte eine komische kleine Verbeugung. Er sah zu, wie der Junge über die Wiese

rannte. Dann rannte auch er ein bißchen, breitete die Flügel aus und flatterte hinauf zum Landeast. Er rutschte auf dem Bauch darauf entlang und ließ sich mit dem Kopf voran ins Nestloch plumpsen.

„Nun?“ fragte seine Mutter.

„Der kleine Junge sagt, *Dunkelheit ist aufregend.*“

„Und was meinst du, Platsch?“

„Ich mag sie immer noch *überhaupt nicht*“, sagte Platsch. „Aber das Feuerwerk sehe ich mir an – wenn du dich neben mich setzt.“

„Ich setze mich neben dich“, sagte seine Mutter.

„Ich auch“, sagte sein Vater, der gerade erwacht war. „Feuerwerk gefällt mir.“

Als es langsam dunkel wurde, watschelte Platsch zu der Nestlochöffnung und lugte vorsichtig nach draußen.
„Komm schon her, Platsch! Ich glaube, sie fangen an!“ rief Herr Schleiereule. Er hatte sich ganz oben an der Spitze des Baumes auf einem dicken Ast in Position gesetzt. „Von hier aus haben wir eine phantastische Sicht.“
Platsch machte zwei mutige kleine Schritte aus dem Nestloch.
„Hier bin ich“, sagte seine Mutter leise. „Komm mit.“
Und so flogen sie gemeinsam und mit Flügeln, die sich fast berührten, hinauf zu Herrn Schleiereule.
Sie kamen gerade noch rechtzeitig. Hinten im Garten des kleinen Jungen loderten und prasselten Flammen. „Das muß das Freudenfeuer sein!“ quiekte Platsch.
Kaum hatte Platsch seine Flügel verstaut, als „*Pftschsch*!“ eine Rakete in die Luft schoß und einen grünen Sternenregen ausspuckte.
„Ooooh!“ sagte Platsch, und seine Augen wurden so groß wie Untertassen.
Ein Springbrunnen aus tanzenden Sternen stieg vom Boden auf – und dann noch einer

und noch mal einer. „Ooooh!“ sagte Platsch wieder.
„Du hörst dich an wie ein Waldkauz“, sagte sein Vater. „Ach du liebe Güte! Was ist denn das?“
Etwas schwirrte herum, zog strahlend leuchtende Schörkel hinter sich her und machte laut „Whiiii!“
„Ach, das ist ein Sputnik“, sagte Platsch.
„Wirklich?“ sagte sein Vater. „So etwas habe ich noch nie gesehen. Du scheinst dich ja gut auszukennen. Was ist das zischende Ding da, das laufend auf und ab hopst?“
„Ich nehme an, daß das mein Freund ist mit einer Wunderkerze. Oooooh! Da bin *ich*!“
„Wie bitte?“ sagte Platschs Vater.
„Das ist ein Feuerrad! Als ich landete, hielt mich der kleine Junge für ein Feuerrad. Ist es nicht toll? Und er dachte, *ich* wäre auch so eines.“
Herr Schleiereule sah zu, wie die schwirrenden, funkelnden Kreise unentwegt herumwirbelten.
„Das muß eine prächtige Landung gewesen sein!“ sagte er.

Dunkelheit ist gütig

Als die Feuerwerkskörper verlöscht waren, drehte sich Herr Schleiereule zu Platsch um. „So, mein Sohn“, sagte er. „Ich gehe jetzt auf Jagd. Magst du mitkommen?“

Platsch sah sich die Dunkelheit an, die sie umgab. Nach dem hellen Feuerwerk kam sie ihm sogar noch schwärzer vor. „Äh – diesmal nicht, vielen Dank, Papa. Ich kann nichts sehen; ich habe Sterne vor den Augen.“

„Ich verstehe“, sagte sein Vater. „In diesem Fall muß ich mich allein auf den Weg machen.“ Wie eine große, weiße Motte schwebte er davon in die Dunkelheit.

Platsch drehte sich bekümmert zu seiner Mutter um.
„Ich *wollte* ja mitfliegen. Ich *will* die Dunkelheit mögen. Aber ich glaube, daß ich es einfach nicht schaffe."
„Du wirst es schon schaffen, Platsch. Da bin ich ziemlich sicher."
„Ich nicht", sagte Platsch.
„*Ich* schon", sagte seine Mutter. „Komm jetzt. Du gehst am besten schlafen. Du warst den halben Tag auf."
Also machte Platsch sein Mitternachtsschläfchen, und als er aufwachte, war sein Vater zurück und hatte für ihn ein Nachtessen mitgebracht. Platsch würgte es in einem Stück herunter. „Das war prima", sagte er. „Was war das?"

„Eine Maus", sagte Herr Schleiereule.
„Maus mag ich", sagte Platsch. „Was gibt es als nächstes?"
„Keine Ahnung", sagte sein Vater. „Jetzt ist Mama an der Reihe. Du mußt warten, bis sie wiederkommt."
Platsch war immer hungrig, und seine Mutter und sein Vater hatten pausenlos zu tun, ihm die ganze Nacht lang Futter zu bringen. Als es hell wurde, waren sie sehr müde und wollten nur noch schlafen.
„Bettgehenszeit, Platsch", sagte Frau Schleiereule.
„Ich will nicht ins Bett", sagte Platsch. „ich will ein Tagvogel sein."
„Also *ich* bin ein Nachtvogel", sagte seine Mutter. „Und wenn dein Vater und ich heute tagsüber keinen Schlaf kriegen, dann kriegst *du* heute nacht nichts zu fressen."
Das hörte sich gar nicht gut an, also reckte sich Platsch und machte sich groß – na ja, so groß es eben ging – und versuchte zu schlafen.
Er schlief auch wirklich den halben Vormittag. Aber dann wachte er mit Flausen – oder vielleicht waren es auch Mäuse – im Kopf auf

und konnte einfach nicht mehr einschlafen. Er zappelte auf dem Ast herum, auf dem seine armen Eltern zu schlafen versuchten. Er übte, auf einem Bein zu stehen, zu starten, zu landen und andere wichtige Dinge, die eine kleine Eule lernen muß. Dann kam er auf die Idee, seine Stimme auszuprobieren. Er versuchte sich an einem richtigen, erwachsenen Schleiereulenschrei.
„Iiiik!“ kreischte er. „Iiiiik!“

Es klang wie das Kreischen einer Katze, der man versehentlich auf den Schwanz getreten hat. Platsch war ganz begeistert.
Frau Schleiereule nicht. Sie klappte ein verschlafenes Auge zur Hälfte auf. „Platsch, mein Schatz“, sagte sie. „Hättest du nicht

Lust, wieder in die Welt hinunterzufliegen und noch mehr über die Dunkelheit herauszufinden?“
„Jetzt?“ fragte Platsch.
„Jetzt“, sagte seine Mutter.
„Willst du nicht zuerst meinen Schrei hören? Er klingt schon ganz toll.“
„Ich habe ihn gehört“, sagte Frau Schleiereule. „Sieh mal, da unten im Garten sitzt eine alte Dame in einem Liegestuhl. Geh und stör... ich wollte sagen, geh und erkundige dich, was sie von der Dunkelheit hält.“
Also machte Platsch die Augen zu, holte tief Luft und ließ sich von seinem Ast fallen.
Er bekam seine Flügel nicht rechtzeitig in Gang. Er stürzte schneller und immer schneller und fiel der alten Dame schließlich mit einem dumpfen Krachen vor die Füße.
„Ach du lieber Schreck!“ rief die alte Dame. „Ein Donnerschlag!“

„I-i-i-in Wirklichkeit bin ich eine Schleiereule“, sagte der Donnerschlag, als er wieder Luft bekam.
„Wirklich?“ sagte die alte Dame und starrte Platsch über den obersten Rand ihrer Brille hinweg an. „Ich bitte vielmals um Entschuldigung. Meine Augen sind nicht mehr so gut, wie sie früher waren. Wie freundlich von dir, so überraschend auf einen Besuch – äh – hereinzuplatzen.“
„Aus Freundlichkeit kam ich eigentlich nicht“, sagte Platsch ehrlich. „Ich bin gekommen, um dich was zu fragen.“
„So?“ sagte die alte Dame. „Was wolltest du mich denn fragen?“
„Ich wollte dich fragen, was du von der Dunkelheit hältst. Weißt du, ich habe ein bißchen Angst davor, und das ist ziemlich ungünstig, wenn man eine Eule ist. Eigentlich sind wir ja Nachtvögel.“
„Das ist wirklich ein Problem“, sagte die alte Dame. „Hast du es schon mit Karotten versucht?“
„Was?“
„Man sagt nicht ‚was‘, wenn man etwas nicht gleich beim ersten Mal versteht. Man

sagt ‚wie bitte'. Ich habe dich gefragt, ob du es schon mit Karotten versucht hast. Ein wunderbares Gemüse, Karotten."
„Ich glaube nicht, daß es bei Eulen Karotten gibt. Zumindest nicht bei Schleiereulen."
„Oh. Ein Jammer. Ich schwöre seit jeher auf Karotten, damit man im Dunkeln besser sehen kann."
„Aber ich *kann* im Dunkeln sehen", sagte Platsch. „Meilenweit und noch weiter."

„Gib nicht so an. Es ist nicht schön, wenn kleine Jungen angeben." Die alte Dame lehnte sich nach vorn und musterte Platsch durchdringend. „Ich nehme an, du bist ein kleiner Junge, oder? Heutzutage kann man das so schwer unterscheiden: Sie sehen alle gleich aus."

„Ja“, sagte Platsch. „Ich bin ein Eulenjunge, und ich will mit Papa auf Jagd gehen, aber er geht immer auf Jagd, wenn es dunkel ist, und da habe ich Angst.“

„Ausgesprochen eigenartig“, sagte die alte Dame. „Also ich, ich mag die Dunkelheit. Ich nehme an, daß du sie auch mögen wirst, wenn du erst einmal so alt bist wie ich. *Dunkelheit ist gütig.*“

„Erklär mir das“, sagte Platsch.

„*Bitte*“, sagte die alte Dame. „So ein kleines Wörtchen, aber es wirkt Wunder.“

„Erklär mir das bitte“, sagte Platsch gehorsam.

„Also, es ist so“, begann die alte Dame. „Die Dunkelheit versteckt die Dinge – so wie schäbige Möbel und das Loch im Teppich. Sie versteckt meine Falten und meine knotigen alten Hände. Im Dunkeln kann ich vergessen, daß ich alt bin.“

„Ich glaube nicht, daß Eulen Falten kriegen“, sagte Platsch. „Wenigstens die Schleiereulen nicht. Sie sehen mit der Zeit höchstens so aus, als hätten die Motten sie ein bißchen angefressen.“

„Unterbrich mich nicht!“ sagte die alte

Dame. „Es ist sehr unhöflich, jemanden zu unterbrechen. Wo war ich stehengeblieben? Ach ja – die Dunkelheit ist gütig, wenn man alt ist. Ich kann im Dunkeln sitzen und *mich erinnern*. Ich erinnere mich an meinen lieben Mann und an meine Kinder, als sie noch klein waren, und an all die schönen Zeiten, die wir miteinander verlebten. Im Dunkeln bin ich nie einsam."

„Ich habe noch nicht viel, woran ich mich erinnern könnte", sagte Platsch. „Ich bin nämlich noch ziemlich neu."

„Die Nacht ist auch ruhig", sagte die alte Dame und warf Platsch einen scharfen Blick zu. „Die Nacht ist friedlich – ganz im Gegensatz zu einer kleinen Eule, die ich kenne."

„Meinst du mich?" fragte Platsch.

„Dich meine ich", sagte die alte Dame. „Als ich ein kleines Mädchen war, sah man die Kinder, aber man hörte sie nicht."

„Ich bin keine Kinder", sagte Platsch. „Ich bin eine Schleiereule."

„Das ist dasselbe", sagte die alte Dame. „Du erinnerst mich sehr an meinen Sohn William, als er ungefähr vier Jahre alt war. Er hatte auch solche X-Beine."

„Habe ich X-Beine?" fragte Platsch und schaute mit zusammengekniffenen Augen nach unten. „Ich kann sie nicht sehen. Mein Bauch ist im Weg."

„Sehr ausgeprägte X-Beine hast du", sagte die alte Dame. „Aber ich nehme an, daß sie mit der Zeit gerade werden. Die von William wurden auch gerade. So, ich gehe jetzt ins Haus und lege mich ein Weilchen hin."
Platsch war überrascht. „Ich dachte, nur Eulen schlafen tagsüber", sagte er. „Bist du auch ein Nachtvogel?"
Die alte Dame lächelte. „Nein, ich bin lediglich ein alter Vogel. Ein sehr müder alter Vogel."
„Also, auf Wiedersehen. Ich gehe jetzt", sagte Platsch. „Danke, daß du mir von der Dunkelheit erzählt hast."

Er flatterte auf die Schulter der alten Dame und knabberte sanft an ihrem Ohr.
Die alte Dame war entzückt. „Ein Eulenkuß!" sagte sie. „Wie lieb von dir."
Platsch hüpfte wieder hinunter und machte seine komische kleine Verbeugung.
„Was für reizende Manieren!" sagte die alte Dame.
Platsch nahm ein wenig Anlauf, breitete die Flügel aus und flog nach oben auf den Landeast.

„Nun?" sagte seine Mutter.
„Die alte Dame sagt, *Dunkelheit ist gütig.*"
„Und was meinst du, Platsch?"
„Ich mag sie immer noch *überhaupt nicht.* Findest du, daß ich X-Beine habe?"
„Natürlich", sagte seine Mutter. „Alle jungen Schleiereulen haben X-Beine."

„Gut“, sagte Platsch. „Und weißt du, was die alte Dame gesagt hat? Sie sagte, Kinder sollte man sehen, aber nicht hören!“
Herr Schleiereule klappte ein verschlafenes Auge auf.
„Hört! Hört!“ sagte er.

Dunkelheit macht Spaß

Als es an diesem Abend dunkel wurde, lud Herr Schleiereule Platsch wieder ein, mit ihm auf Jagd zu gehen. „Kommst du mit, Sohn?“ fragte er. „Es ist eine wunderschöne Nacht.“

„Danke – diesmal nicht, Papa“, sagte Platsch, der direkt vor dem Nestloch hockte. „Ich bin beschäftigt.“

„Du siehst nicht sehr beschäftigt aus“, sagte Herr Schleiereule. „Was machst du?“

„Ich *erinnere* mich“, sagte Platsch.

„Ich verstehe“, sagte sein Vater. „In diesem Fall muß ich wohl allein gehen.“ Wie ein mächtiges, lautloses Düsenflugzeug schoß er hinaus in die Dunkelheit.

„Woran erinnerst du dich, Platsch?“ fragte seine Mutter.

„Ich erinnere mich daran, daß die alte Dame sagte, die Dunkelheit sei gütig. Sie sagte, sie sei nie einsam in der Dunkelheit, weil sie so viel habe, woran sie sich erinnern könne.“

„Also gut“, sagte Frau Schleiereule. „Mir scheint, dies ist der richtige Augenblick für mich, auch ein bißchen jagen zu gehen.“

„Du willst mich doch nicht ganz allein lassen?“ fragte Platsch.

„Ich bleibe nicht lange. Ich werde versuchen, dir etwas Schönes mitzubringen.“

„Ich werde mich aber einsam fühlen.“

„Nein, das wirst du nicht. Beschäftige dich, indem du dich erinnerst, wie die alte Dame sagte.“

Platsch schaute zu, wie seine Mutter einer weißen Feder gleich in die Dunkelheit schwebte. Die Dunkelheit schien auf ihn zuzukommen und ihn zu umschlingen.

„Dunkelheit ist gütig“, brummelte Platsch vor sich hin. „Dunkelheit ist gütig. Oje, woran soll ich mich bloß erinnern?“ Er

schloß die Augen und versuchte, sich an etwas zu erinnern, woran er sich erinnern konnte. Das Feuerwerk! Er würde sich an das Feuerwerk erinnern. Das hatte ihm gefallen. Über dem Glühen des Freudenfeuers war die Dunkelheit von bunten Lichtern getupft und gestreift und gefleckt gewesen. Er sah noch immer Sternchen vor den Augen, wenn er daran dachte.

Geschrei – fröhliches Geschrei – unter seinem Baum holte Platsch aus seinen Erinnerungen zurück. Er machte die Augen auf und sah angestrengt durch die Blätter hinunter. Auf seiner Wiese rannten Menschen herum, und aus einem Haufen von Zweigen flackerten Flammen auf. Ein Freudenfeuer!

Hieß das, daß man auch wieder Feuerwerkskörper abschießen würde?
Platsch schaute aufgeregt zu. Jetzt konnte er sehen, daß es Jungen waren, die da herumrannten – ziemlich große, mit kurzen Hosen bekleidete Jungen. Sie sammelten noch mehr Holz für das Feuer.
Plötzlich verschwanden sie alle kreischend und lärmend im Wald. Alle außer einem. Ein Junge blieb da, und er setzte sich auf einen Holzklotz beim Feuer.
Platsch vergaß, daß er Angst vor der Dunkelheit hatte. Er mußte erfahren, was da vor sich ging. Also machte er die Augen zu, holte tief Luft und ließ sich von seinem Ast fallen.

Die Erde war näher, als er erwartet hatte, und er landete mit einem dumpfen Schlag.

„Huch!“ sagte der Junge auf dem Holzklotz. „Ein Rollmops! Wer hat denn den geschmissen?“
„Keiner hat mich geschmissen – ich bin einfach gekommen“, sagte der Rollmops. „Und in Wirklichkeit bin ich eine Schleiereule.“
„Wirklich und wahrhaftig“, sagte der Junge. „Bist du aus deinem Nest gefallen?“

Platsch machte sich so groß wie nur möglich. „Ich bin nicht gefallen – ich bin geflogen“, sagte er. „Ich kriege nur die Landung noch nicht so gut hin, das ist alles. Wenn du's genau wissen willst, dann bin ich gekommen, weil ich wissen will, ob du ein Feuerwerk abschießen wirst.“
„Ein Feuerwerk?“ sagte der Junge. „Nein. Wie kommst du denn darauf?“

„Na ja, wegen dem Freudenfeuer", sagte Platsch.
„Freudenfeuer?" sagte der Junge. „Das ist kein *Freudenfeuer*! Das ist ein Lagerfeuer – und ich bewache es, bis die anderen zurück sind."
„Wo sind die anderen?" fragte Platsch.
„Die Glücklichen spielen im Dunkeln."
„Spielst du denn *gern* im Dunkeln?" fragte Platsch.
„Und wie!" sagte der Junge. *„Dunkelheit macht Spaß.* Sogar ganz gewöhnliche Spiele wie Verstecken machen Spaß, wenn es dunkel ist. Am liebsten mag ich das Spiel, wo einer mit einer Taschenlampe in der Hand ‚im Ziel' steht und jeden anleuchtet, den er sieht oder hört. Alle anderen müssen an ihm vorbei ins Ziel schleichen, ohne daß er sie entdeckt. Das ist super!"
Ein Krachen erklang aus dem Wald, dann ein Schrei: „Bimbo! Hab ich dich erwischt!"
„Da – genau das spielen sie gerade. Der Bimbo wird immer als erster geschnappt. Er hat so große Füße. Man muß wie ein Schatten kriechen, wenn man nicht erwischt werden will. Natürlich mußte *ausgerechnet ich*

an der Reihe sein, um auf das Feuer aufzupassen."
„Wofür ist das Feuer?" fragte Platsch.
„Um Kartoffeln drin zu rösten und Kakao zu kochen und um drumherum zu sitzen und zu singen."
„Wieso?"
„Wieso? Weil es eben Spaß macht, und weil Pfadfinder schon immer Lagerfeuer hatten."
„Du bist also ein Pfadfinder?"
„Klar, Dummchen, sonst wäre ich doch nicht hier. Ich muß Holz aufs Feuer legen."
Platsch sah zu, wie der Pfadfinder das Feuer versorgte. „Meinst du, ich... könnte ich auch ein Pfadfinder werden?" fragte er.

„Das bezweifle ich", sagte der Junge. „Dafür bist du ein bißchen zu klein. Vermutlich

könntest du ein Wölfling werden, aber dafür müßtest du acht Jahre alt sein."
„Ich bin acht Wochen alt", sagte Platsch.
„Ich fürchte, da mußt du noch eine ganze Weile warten", sagte der Pfadfinder. „Überhaupt", sagte er grinsend, „sähest du in einer Uniform ganz schön bescheuert aus!"
Platsch sah so enttäuscht aus, daß der Pfadfinder hinzufügte: „Mach dir nichts draus. Zum Singen heute abend kannst du dableiben."
„Kann ich?" rief Platsch. „Das wäre soo – super!"
„Aber flieg besser erst mal heim und frag deine Mutter."
Also flog Platsch hinauf zum Nestloch, wo seine Mutter auf ihn wartete.
„Wo warst du?" fragte sie. Wie alle Mütter, die sich Sorgen gemacht haben, klang sie ein bißchen gereizt.
„Ich habe mich mit einem Pfadfinder unterhalten, und er sagt, *Dunkelheit macht Spaß*. Und er sagt, ich darf zum Lagerfeuer bleiben. Darf ich also bitte, Mama?"
„Na gut, in Ordnung", sagte sie.
„Super!" sagte Platsch.

Also war Platsch eine Nacht lang ein Pfadfinder. Er saß auf der Schulter seines neuen Freundes und wurde allen anderen vorgestellt. Sie machten viel Aufhebens von ihm, und er amüsierte sich prächtig. Kakao wollte er keinen, aber eine kleine Kartoffel ließ er sich schmecken. Sein Freund pustete sie für ihn, damit sie abkühlte, denn er wußte, daß Eulen alles am Stück verschlingen. Und eine heiße Kartoffel im Bauch wäre Platsch überaus schlecht bekommen!
Die Pfadfinder hockten dicht gedrängt ums Feuer herum und sangen ohne Unterlaß, während die Funken sprühten. Sie sangen lustige Lieder und traurige Lieder, lange Lieder und kurze Lieder. Platsch sang nicht, weil er zuhören wollte, doch ab und zu wurde er ein bißchen aufgeregt, umflatterte die Köpfe der Jungen, schrie „Iiik! Iiiik!", und alle lachten.
Sie sangen, bis das Feuer zu einer tiefroten Glut zusammengesunken war und bis sich Platsch in dem Licht ziemlich rosa verfärbte. Dann war es für die Jungen und für Platsch Zeit zum Nachhausegehen. Und als sich Platsch von jedem verabschiedet und sich

so oft verbeugt hatte, daß ihm alles weh tat, breitete er die Flügel aus und flog hinauf auf den Landeast.

„Nun?" sagte seine Mutter.
„Ich habe es dir ja gesagt. Der Pfadfinder sagt, *Dunkelheit macht Spaß.*"
„Und was meinst du, Platsch?"
„Mir gefällt sie immer noch *überhaupt nicht,* aber Lagerfeuer finde ich super! Hast du mir was Besonderes mitgebracht?"
„Habe ich."
Platsch verschluckte es in einem Stück.
„Das war prima", sagte er. „Was war es?"
„Eine Heuschrecke."
„Heuschrecke mag ich", sagte Platsch. „Was gibt es als nächstes?"

Dunkelheit ist notwendig

Platsch fragte in dieser Nacht noch viele Male: „Was gibt es als nächstes?“ Er saß direkt vor dem Nestloch und machte laute Schnarchgeräusche. Er schlief nicht – er war lediglich hungrig. Eulen schnarchen immer, wenn sie hungrig sind.

„Ich freue mich schon darauf, wenn du selbst jagen kannst, Platsch“, sagte Frau Schleiereule, als Platsch sein siebtes oder achtes Nachtessen verschlungen hatte.

„Was gibt es als nächstes?“ fragte Platsch.

„Nichts“, sagte seine Mutter. „Unmöglich, daß du immer noch Platz hast.“

„Habe ich aber", sagte Platsch. „Mein Mäuseplatz ist besetzt, aber mein Heuschreckenplatz noch nicht."
„Pech für dich", sagte Frau Schleiereule, streckte sich und machte es sich bequem, um zu schlafen.
Flügelklatschend stieß Herr Schleiereule herab und ließ Platsch etwas vor die Füße fallen. Platsch verschluckte es in einem Stück. Es war köstlich schlüpfrig.
„Das war prima", sagte er. „Was war es?"
„Ein Fisch", sagte sein Vater.

„Fisch mag ich", sagte Platsch. „Was kommt als nächstes?"
„Das Bett", sagte Herr Schleiereule. Er gab seiner Frau einen Gutenachtkuß – oder vermutlich war es ein Gutentagkuß – und ließ sich zum Schlafen nieder.

Platsch machte ein paar hoffnungsvolle Schnarchgeräusche, aber es war klar, daß das Festmahl vorüber war. Wacklig tappte er ins Nestloch, und bald darauf war auch er fest eingeschlafen.
Es war schon spät nachmittags, als er erwachte. Er kam heraus auf den Landeast und sah sich um. Seine Eltern hockten noch immer so still da wie Statuen, aber die Eichhörnchen aus dem unteren Stock jagten sich mit fliegenden Schwänzen den Baumstamm hinauf und hinunter. Platsch schaute ihnen

ein Weilchen zu. Eines huschte genau unter Platsch den Ast entlang und blieb dann unvermittelt stehen und putzte sich das Gesicht. Es wußte nicht, daß Platsch da war

– denn eigentlich wurde ja vorausgesetzt, daß Eulen tagsüber schlafen.
Platsch konnte nicht widerstehen. Er beugte sich durch die Blätter hinab und stieß sein allerlautestes „Iiiik!“ aus.

Das Eichhörnchen machte einen Luftsprung wie ein Schachtelteufel, seine Ohren zitterten und seine Augen waren so rund wie Murmeln. Wie der Blitz rannte es am Stamm hinunter und verschwand in seinem Loch.
Platsch hüpfte vor Begeisterung auf und ab. Aber natürlich hatte er es mal wieder geschafft: Er hatte seine Mutter aufgeweckt.
„Platsch?“
„Ja, Mama?“

„Bitte geh und bring noch mehr über die Dunkelheit in Erfahrung, Schatz."
„Jetzt?" fragte Platsch.
„Jetzt", sagte seine Mutter. „Geh und frag das kleine Mädchen dort, was es von der Dunkelheit hält."
„Welches kleine Mädchen?"
„Das kleine Mädchen, das da unten sitzt – das mit dem Pferdeschwanz."
„Kleine Mädchen haben keinen *Schwanz*."
„Das da unten schon. Geh jetzt, sonst verpaßt du es."
Also machte Platsch die Augen zu, holte tief Luft und ließ sich von seinem Ast fallen.

Seine Landung war ein bißchen besser als sonst. Er tippte dreimal auf der Erde auf und

rollte dann sanft auf die Füße des kleinen Mädchens zu.
„Ein flauschiger Ball!“ rief das kleine Mädchen.
„In Wirklichkeit bin ich eine Schleiereule“, sagte der flauschige Ball.
„Eine Eule? Bist du sicher?“ fragte das Mädchen, streckte einen schmuddeligen Finger aus und stupste Platsch damit in sein rundes, flaumiges Bäuchlein.
„Ziemlich sicher“, sagte Platsch, wich zurück und reckte sich hoch auf.
„Du brauchst nicht eingeschnappt zu sein“, sagte das kleine Mädchen. „Du bist aufgetippt und wieder hochgehüpft. Wenn du in der Gegend herumhüpfst, mußt du damit rechnen, daß man dich für einen Ball hält. Ich habe noch nie eine Eule getroffen. Machst du Tu-wit-a-wuu?“
„Nein“, sagte Platsch. „So machen die Waldkäuze.“
„Dann kannst du keine richtige Eule sein“, sagte das Mädchen. „*Richtige* Eulen machen Tu-wit-a-wuu!“
„Ich *bin* eine richtige Eule!“ sagte Platsch, und jetzt wurde er wirklich wütend. „Ich bin

eine Schleiereule, und Schleiereulen machen *Iiiik.*"

„*Hör auf!*" sagte das kleine Mädchen und hielt sich die Ohren zu.

„Tja, du hättest mich nicht ärgern sollen", sagte Platsch. „Übrigens – *du* kannst auch kein richtiges *Mädchen* sein."

„*Was* hast du gesagt?" fragte das kleine Mädchen und nahm die Hände von den Ohren.

„Ich sagte, du bist kein richtiges Mädchen. Mädchen haben keine *Schwänze.* Eichhörnchen haben Schwänze, Kaninchen haben Schwänze, Mäuse..."

„Das ist ein *Pferdeschwanz*", sagte das kleine Mädchen. „Ich habe den längsten von der ganzen Klasse", fügte es stolz hinzu.

„Weshalb willst du denn wie ein Pferd aussehen?“ fragte Platsch.
„Weil – ach, weil es Mode ist“, sagte das kleine Mädchen. „Weißt du denn *gar nichts*?“
„Nicht viel“, gab Platsch zu. „Mama sagt, das ist der Grund dafür, daß ich Angst vor der Dunkelheit habe – weil ich nichts darüber weiß. Magst *du* Dunkelheit?“
Das kleine Mädchen sah Platsch erstaunt an.
„Na klar“, sagte es. „Dunkelheit muß sein. *Dunkelheit ist notwendig.*“
„Dunkelheit ist notwendenden – was ist sie?“
„Notwendig. Wir brauchen sie. Wir kommen nicht ohne sie aus.“

„Ich komme ohne sie aus“, sagte Platsch. „Ich komme sogar sehr gut ohne sie aus.“

„Dann käme ja der Nikolaus nicht“, sagte das kleine Mädchen. „Und dein Stiefel oder Strumpf wäre am Nikolaustag leer.“

„Ich trage keine Stiefel und Strümpfe“, sagte Platsch. „Und wer ist der Nikolaus?“

„Der Nikolaus ist ein dicker alter Mann mit einem weißen Bart, und er hat einen roten Anzug mit passendem Hut und schwarze Stiefel an.“

„Ist das Mode?“ fragte Platsch.

„Nein“, sagte das kleine Mädchen. „Aber so ist er auf den Bildern immer angezogen – obwohl ich nicht weiß, woher die das wissen, weil ihn noch nie einer gesehen hat.“

„Was?“ sagte Platsch.

„Das ist es ja, was ich dir erklären will. *Der Nikolaus kommt nur, wenn es dunkel ist.* Er kommt mitten in der Nacht, und er fährt auf einem Schlitten über den Himmel. Und den Schlitten ziehen Rentiere.“

„Rentiere?“ fragte Platsch. „Über den Himmel?“

„Zauber-Rentiere“, sagte das kleine Mädchen. „Am Nikolaus ist alles magisch. Andernfalls könnte er es nie und nimmer schaffen, in einer einzigen Nacht alle Kinder auf der ganzen Welt zu besuchen – und dabei noch genug Schokolade und Süßigkeiten für alle in seinem Sack haben."

„Von seinem Sack hast du mir nichts erzählt."

„Er hat einen Sack voller Süßigkeiten, und die steckt er den Kindern in die Stiefel und Strümpfe."

„In die Stiefel und Strümpfe?" sagte Platsch. „Wenn sie die Füße drin haben? Da kann nicht viel Platz sein."

„Nein, Dummchen. Wir stellen einen Stiefel vor die Tür oder hängen einen leeren Strumpf auf, damit er ihn füllt. Letztes Jahr habe ich meine Strumpfhose aufgehängt."

„Und die hat er vollgefüllt?" hauchte Platsch.

„Nein – nur ein Bein, aber ins andere hat er eine Zuckermaus gesteckt."

„Eine richtige Maus wäre mir lieber", sagte Platsch.

„Mir eigentlich auch“, sagte das kleine Mädchen. „Ich wollte eine weiße Maus, aber Mama sagt, ihr kommt keine Maus ins Haus. Sonst geht sie. Und vermutlich wollte der Nikolaus nicht, daß ich Waise werde.“
Platsch dachte nach. „Ich glaube nicht, daß es bei den Eulen einen Nikolaus gibt. Zumindest bei den Schleiereulen nicht. Und ich habe auch keinen Strumpf und erst recht keinen Stiefel.“
„Ach herrje, wie gräßlich“, sagte das kleine Mädchen. „Einen Nikolaus müßte es für alle geben. Es ist so aufregend, wenn man am Morgen aufwacht und die ganzen Beulen im Strumpf fühlt und zu erraten versucht, was drin ist.“
„Hör auf!“ jammerte Platsch. „Wenn er bloß auch zu mir käme!“
„Mach die Augen zu“, sagte das kleine Mädchen. „Na los. Mach sie zu, dann habe ich vielleicht eine Überraschung für dich.“
Platsch schloß die Augen und wartete. Rasch zerrte das kleine Mädchen einen Gummistiefel herunter und zog eine Socke aus. Sie hatte zwei Paar übereinander an, weil ihr die Stiefel ein bißchen zu groß waren.

„Mach die Augen auf!“ sagte sie zu Platsch und hielt die Socke hoch, während sie auf einem Bein stand und den Fuß wieder in den Stiefel zwängte.

Platsch machte die Augen auf – und dann machte er sie wieder zu, weil er nicht glauben konnte, was er sah.

„Willst du sie nicht?“ fragte das kleine Mädchen. „Ich weiß, daß ein paar Löcher drin sind, aber ich glaube nicht, daß das den Nikolaus stört.“

„Vielen Dank“, sagte Platsch. Er nahm die Socke mit dem Schnabel entgegen und hielt sie dann mit dem Fuß fest. „Vielen herzlichen Dank. Ich gehe jetzt und hänge sie gleich auf.“

„Noch nicht“, lachte das kleine Mädchen. „Du mußt bis zum Abend vor Nikolaustag warten. So, ich muß jetzt gehen. Es muß gleich Kaffeezeit sein. Tschüs. Ich hoffe wirklich, daß der Nikolaus zu dir kommt.“

„Tschüs“, sagte Platsch und machte seine komische kleine Verbeugung. „Du bist sehr lieb. Du bist ein richtiges Mädchen.“

„Und du kannst sehr schön ‚Iiiik!‘ schreien“, sagte das kleine Mädchen. „Ich werde es

üben, damit ich meinen Brüdern einen Schreck einjagen kann. *Iiik*!“ Sie rannte davon, und Platsch konnte hören, wie sie über die ganze Wiese hinweg ‚iiikte‘.
Platsch hob mit dem Schnabel die Socke auf und flog zu dem Landeast empor.

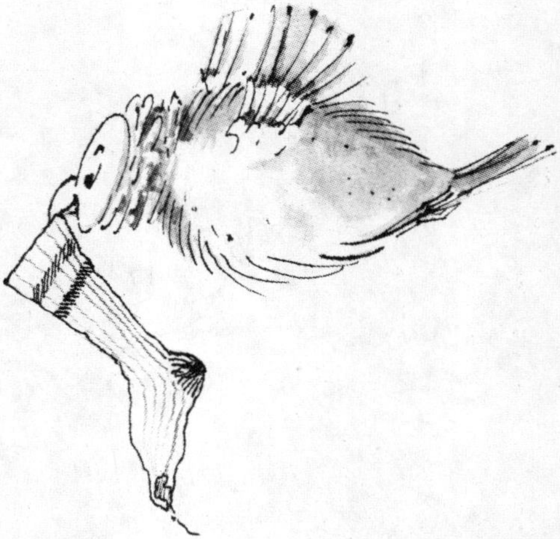

„Nun?“ sagte seine Mutter.
„Gas keine Nägchen hagt – “ fing er mit vollem Schnabel an. Dann legte er seine Socke ab und versuchte es noch einmal. „Das kleine Mädchen sagt, *Dunkelheit ist notwendig*, weil dann der Nikolaus kommt“, sagte er.

„Und was meinst du, Platsch?“
„Ich mag sie immer noch *überhaupt nicht* – aber am Abend vor Nikolaustag hänge ich meine Socke auf.“
Und Platsch nahm seine Socke und packte sie ganz sorgfältig in eine Ecke des Nestlochs, damit sie bereit war für Nikolaus.

Dunkelheit ist faszinierend

Platsch, der fast den ganzen Tag geschlafen hatte, war sehr lebhaft an diesem Abend – sehr lebhaft und sehr hungrig. Dauernd stakste er den Ast entlang, um zu sehen, ob sein Vater zufällig schon wach war.
Herr Schleiereule saß hoch aufgereckt und regungslos da. Er schien kaum zu atmen. Platsch stellte sich auf die Zehenspitzen und versuchte, seinem Vater ins Gesicht zu sehen. Was für einen starken, gekrümmten Schnabel er hatte!
„Papa, bist du wach?“ fragte er laut. „Ich habe Hunger.“

Herr Schleiereule machte die Augen nicht auf, aber der Schnabel bewegte sich.
„Geh weg!" sagte der Schnabel. „Ich schlafe."
Folgsam ging Platsch weg. Dann fiel ihm etwas ein, und er ging wieder zurück. „Papa! Du kannst nicht schlafen. Du hast was gesagt – ich habe es genau gehört."
„Das mußt du dir eingebildet haben", sagte sein Vater und machte die Augen immer noch nicht auf.
„Du hast gesprochen", sagte Platsch. „Du bist wach, also kannst du auch auf Jagd gehen." Er stupste seinem Vater mit dem Kopf in den Bauch. „Los! Es wird Zeit zum Aufstehen!"
Herr Schleiereule seufzte und streckte sich. „Na gut, na gut, du gräßliches Eulenküken. Wieviel Uhr ist es?" Er sah zum Himmel empor. „Heilige Fledermaus!

Es ist noch nicht mal dunkel! Ich hätte noch eine halbe Stunde schlafen können." Er warf Platsch einen bösen Blick zu. „Verflixt, ich schlafe noch eine halbe Stunde. Ich lasse mich doch nicht von einem blöden kleinen – kleinen *Tagvogel* herumkommandieren. Verschwinde! Du kannst mich wecken, wenn es dunkel ist, aber nicht vorher. Verstanden?" Er lehnte sich plötzlich nach vorne, bis sein mächtiger Schnabel auf einer Höhe mit Platschs knüpfnadelartigem Schnäbelchen war. Platsch sah ein doppeltes Spiegelbild von sich selbst in den Augen seines Vaters.

„Äh – ja, Papa", sagte er und wich eilig zurück.

„Gut", sagte sein Vater und reckte sich wieder, um zu schlafen. „Guten Tag."

Platsch ging zurück zum Nestloch, um sich bei seiner Mutter zu beschweren. Die schläfrige Frau Schleiereule hörte mitfühlend zu. „Tja, Schatz, an deiner Stelle würde ich mich aufmachen und noch mehr über die Welt in Erfahrung bringen", sagte sie. „Schau, da unten ist eine junge Dame. Willst du nicht hinunterfliegen und dich mit ihr unterhalten?"

Platsch schielte angestrengt durch die Blätter hinab.
Ein Stück vom Baum entfernt stand eine Person, die glänzende schwarze Stiefel und einen leuchtend roten Fellmantel mit passender Mütze anhatte, und da war auch etwas, das aussah wie ein weißer Bart.
„Das ist keine junge Dame!" kreischte Platsch. „Das ist der Nikolaus!"
Und dann ließ er sich so hastig von seinem Ast fallen, daß er sowohl das Augenzumachen als auch das tiefe Lufttholen vergaß.

Dafür war seine Landung eigentlich recht ordentlich, aber im letzten Moment kam er aus dem Gleichgewicht und kippte vorwärts aufs Gesicht. Eine sanfte Hand hob ihn auf und stellte ihn wieder hin, mit dem richtigen Ende nach oben.

„Du armes Schätzchen", sagte eine liebe, junge Stimme. „Ist dir auch nichts passiert?"
Rasch schaute Platsch auf. Die Stimme kam ihm komisch vor. Und das da war auch kein weißer Bart – das waren lange blonde Haare.
„Du bist überhaupt nicht der Nikolaus!" sagte er wütend. „Und ich bin *extra* heruntergekommen."
„Tut mir schrecklich leid", sagte die junge Dame.
„Und ich bin auch kein Schätzchen. Ich bin eine Schleiereule."
„Weißt du was?" sagte die Nikolaus-Dame. „Darf ich in mein Skizzenbuch ein Bild von dir zeichnen? Eine Schleiereule fehlt mir noch."
„Ein Bild von mir?" fragte Platsch. „*Wirklich* von mir?"
„Ja, bitte. Vielleicht könntest du dort auf dem niedrigen Ast Modell für mich sitzen."
Platsch flatterte auf den Ast und stand stramm. Die Nikolaus-Dame setzte sich auf einen Baumstamm und begann zu zeichnen.
„Ich trage mein Skizzenbuch immer mit mir herum, für den Fall, daß ich etwas Interessantes sehe", sagte sie.

Die interessante Schleiereule stand so stolz aufgereckt wie ein Soldat in seinem Wachhäuschen.

Aber nicht lange. Die junge Dame schaute von ihrer Zeichnung auf und mußte feststellen, daß ihre Schleiereule ganz und gar verschwunden war.
„Darf ich mal sehen?“ erklang es kleinlaut unten neben ihrem Stiefel. Platsch hopste auf und ab und versuchte zu sehen, was auf dem Block war.
„Da gibt es noch nicht viel zu sehen“, sagte sie. „Also gut – schau es dir an.“
Platsch schaute. „So kahl bin ich nicht!“ sagte er entrüstet.
„Ich hatte noch keine Zeit, dich ordentlich zurechtzumachen“, sagte die junge Dame.

„Und du hast mir auch nur ein Bein gegeben."
„Ich fürchte, die Schleiereule wird kahl und einbeinig bleiben, wenn du nicht stillhältst."
Danach strengte sich Platsch wirklich sehr an, und er kam nur noch drei- oder viermal herunter, um zu sehen, wie sie vorwärtskam. Er traute kaum seinen Augen, als sie fertig war. „Bin das wirklich ich?" fragte er. „Ich sehe genauso aus wie Papa – na ja, fast."
„Ja, das bist wirklich du", sagte sie. „Ich zeichne Vögel und andere Tiere, die tagsüber unterwegs sind, in die vordere Hälfte des Buches, die hintere ist für Nachttiere. Natürlich habe ich dich zu den Nachttieren gezeichnet."
„Oh", sagte Platsch. „Äh – natürlich."
„In deiner Hälfte sind die interessantesten Tiere", fuhr die junge Dame fort. „*Ich finde Dunkelheit faszinierend.*"
„Ich – äh – *erklär* mir das", sagte Platsch. (Es war jetzt zu spät, um ihr zu sagen, daß sie ihn ans falsche Ende des Buches gezeichnet hatte!)
„Hüpf hoch", sagte die junge Dame, streckte einen Finger aus und setzte Platsch auf ihren

Schoß. „Dann zeige ich dir, in welch guter Gesellschaft du dich befindest. Schau – da ist ein Dachs."

Platsch schaute sich das große schwarzweiße Tier mit den über die Nase herunterführenden Streifen an. „Hat der aber ein komisches Gesicht!"

„Die Streifen haben sie, damit sie sich im Dunkeln nicht anrempeln", erklärte die junge Dame. „Sie sehen nämlich nicht sehr gut." Sie blätterte um. „Also, das sind für mich die faszinierendsten Nachttiere von allen – Fledermäuse."

„Die hast du falsch herum gezeichnet", sagte Platsch.

Die Nikolaus-Dame lachte.

„Nein, habe ich nicht. So fühlen sich die Fledermäuse wohl, wenn sie nicht herumflat-

tern – sie hängen sich an den Füßen auf, mit dem Kopf nach unten."
„Ehrlich?" sagte Platsch.
„Ja, wirklich. Und weißt du was? Wenn du ein Fledermauskind wärst, würdest du dich am Fell deiner Mutter festklammern, und sie würde dich überallhin mitnehmen, und du kämst viel in der Gegend herum."
„Das würde mir gefallen", sagte Platsch.
„Ja, aber weißt du, was deine Mutter tun würde, wenn du zu schwer zum Herumtragen würdest? Sie würde dich aufhängen, bevor sie losfliegt!"
„Mich aufhängen?" fragte Platsch. „Mit dem Kopf nach unten?"
„Stimmt. So, jetzt wollen wir mal sehen, was wir hier sonst noch finden." Sie blätterte ein paar Seiten weiter. „Ja, da – oh!"
Platsch war weg.
Er schaukelte auf einem niedrigen Ast vor und zurück wie ein Stehaufmännchen. Von Zeit zu Zeit schaukelte er ein bißchen zu weit und mußte mit den Flügeln wedeln, um nicht das Gleichgewicht zu verlieren.
„Was machst du da?" fragte die junge Dame.
„Ich versuche mich als Fledermaus", sagte

Platsch. „Aber ich verstehe nicht, wie sie anfangen. Ich kriege den Kopf nicht nach unten.“

„Vielleicht wäre es einfacher, Igel zu sein“, sagte die junge Dame. „Wenn sie Angst haben, rollen sie sich zu einem Ball zusammen, schau – da ist ein Bild.“
Platsch hüpfte wieder auf ihr Knie und betrachtete den Igel ganz genau.
„Dessen Federn hätten es mal verdient, ein bißchen aufgeplustert zu werden“, sagte er.
„Das sind keine Federn – das sind Stacheln. Sie sind überaus praktisch. Ein Igel kann von einem ziemlich hohen Zaun springen, ohne sich weh zu tun, weil er sich einfach zu einem stachligen, federnden Ball einrollt.“

„Sehr praktisch“, sagte Platsch. „Ich wollte, ich hätte Stacheln.“ Er sprang von ihrem Schoß und versuchte, sich zu einem Ball zusammenzurollen.
Es war sehr schwierig. „Ich habe offenbar nicht genügend Krümmungen“, sagte er.

Plötzlich hörte er auf herumzukugeln, stand still und lauschte. Dann flog er hastig wieder auf den Schoß der jungen Dame und versuchte, sich in ihrem Mantel zu vergraben.
„Was ist los?“ sagte sie.
„*Da ist ein komisches Geräusch*“, sagte er. „*Da drüben.*“
Die junge Dame lauschte. Aus den trockenen Blättern unter dem großen Baum erklang ein geschäftiges Rascheln.
„Na so was, ich glaube, das ist ein Igel!“ sagte sie. „Ja, da ist er. Schau!“

Platsch lugte vorsichtig über den Rand ihres Schoßes hinunter. Eine winzige, spitze Schnauze bahnte sich einen Weg durch die Blätter, und dann trippelte eine kleine, runde Kreatur vor ihnen über den Boden.
„Sie geben sich nie Mühe, leise zu laufen“, flüsterte die junge Dame, „weil sie wissen, daß keiner so etwas Stachliges fressen will.“
„Ist der Igel da ganz sicher?“ fragte Platsch. „Ich bin so hungrig, daß ich bereit wäre, alles zu fressen!“

Der Igel blieb stocksteif stehen und rollte sich zu einem festen kleinen Ball zusammen.
„Er muß dich gehört haben“, sagte die junge Dame vorwurfsvoll. „Wie kannst du nur so etwas sagen!“
„Wieso? Es stimmt“, sagte Platsch. „Ich bin am Verhungern.“
„Aber natürlich! Jetzt, wo es langsam dunkel

wird, gehst du sicher mit deinen Eltern auf Jagd, oder? Ich habe vergessen, daß du ein Nachtvogel bist.“

Der Nachtvogel sah auf seine Zehen hinunter.

„Ich will dich nicht aufhalten“, fuhr sie fort. „Nur noch eines – hättest du etwas dagegen, mir einen Gefallen zu tun, bevor du gehst? Ich würde *so gern* deinen Schrei hören.“

Platsch hatte überhaupt nichts dagegen. Er blähte seine Brust und kreischte das gewaltigste „Iiiiiiik!“ für sie, das er zustande bekam.

„Phantastisch!“ sagte die junge Dame.

Platsch machte seine komische kleine Verbeugung. Dann flog er auf, kreiste über sie hinweg und ‚iikte‘ aus Leibeskräften. Die junge Dame winkte, und Platsch flatterte mit einem letzten Abschieds-Iiik hinauf auf den Landeast.

„Nun?“ sagte seine Mutter.

„Die Nikolaus-Dame – du hattest nämlich recht, es war eine Dame – sagt, *Dunkelheit ist faszinierend.*“

„Und was meinst du, Platsch?“

„Mir gefällt sie immer noch *überhaupt nicht.*

Aber stell dir vor – die Dame hat ein Bild von mir gezeichnet."
„Das ist aber etwas ganz Besonderes, meinst du nicht? Von mir hat noch nie einer ein Bild gemalt."
„*Und* sie sagt, mein Kreischen ist phantastisch."
„So, sagt sie das? Ich habe mich schon gefragt, was der ganze Krach wohl zu bedeuten hat."
„Wo ist Papa?"
„Auf Jagd."
„Prima. Ich könnte einen Igel verspeisen."
„Würde ich dir nicht empfehlen", sagte seine Mutter.

Dunkelheit ist herrlich

„Das war prima", sagte Platsch, als er verschlungen hatte, was ihm sein Vater gebracht hatte. „Was war das?"
„Eine Spitzmaus", sagte sein Vater.
„Spitzmaus mag ich", sagte Platsch. „Was gibt es als nächstes?"
„Eine kleine Pause", sagte Frau Schleiereule. „Laß deinen armen Papa verschnaufen."
„Na gut", sagte Platsch. „Aber beeil dich, Papa! Spitzmäuse schmecken prima, bloß sehr groß sind sie nicht. Die von eben ist jetzt ganz einsam so allein am Boden meines Magens. Sie braucht Gesellschaft."

„Ich glaube nicht, daß dein Magen einen Boden hat“, sagte sein Vater. „Er wird nie voll, da kann ich hineinstecken, soviel ich will. Am besten mache ich mich wieder auf die Jagd nach weiteren Dingen, die man in dieses Faß ohne Boden stopfen kann.“
„Dafür sind Väter da“, sagte Platsch. „Hättest du nicht auch Lust, auf Jagd zu gehen, Mama? Das wäre eine schöne Abwechslung für dich.“
„Vielen herzlichen Dank“, sagte Frau Schleiereule. „Was du doch in Wirklichkeit damit sagen willst, ist, daß du dann zwischen den einzelnen Gängen nicht so lange warten mußt! Aber natürlich gehe ich, wenn es dir nichts ausmacht, allein hierzubleiben.“
„Warum kommst du nicht mit?“ fragte sein Vater. „Dann brauchst du überhaupt nicht zu warten.“

Platsch beäugte die gruselige Dunkelheit ringsum. „Äh – nein, danke, Papa“, sagte er. „Ich muß mich wieder erinnern.“

„Alles klar“, sagte Herr Schleiereule. „Bist du soweit, meine Liebe?“

Platschs Eltern flogen Seite an Seite davon, und ihre mächtigen weißen Flügel berührten sich fast. Platsch saß vor dem Nestloch und sah zu, wie sie in die Dunkelheit schwebten, bis sie miteinander verschmolzen und schließlich vollkommen verschwunden waren. Das dauerte ziemlich lange, denn gerade kamen die Sterne heraus, und in ihrem Licht konnte Platsch mit seinen Eulenaugen weit sehen.

Ihm fiel ein, daß seine Mutter gesagt hatte, die Dunkelheit sei nicht schwarz. Heute nacht war sie tatsächlich nicht schwarz. Sie war eher nebelgrau, und der Himmel war über und über mit winzigen Sternen betupft.

„Verflixt!“ erklang von irgendwoher unter Platsch eine Stimme.

Platsch fuhr zusammen und starrte durch die Blätter hinunter. Da stand ein Mann, der irgendeinen Apparat vor sich aufgebaut hatte, und er schaute mit finsterer Miene zu

der Wolke hinauf, die sich vor den Mond geschoben hatte. Was tat er da?
Platsch machte die Augen zu, holte tief Luft und ließ sich von seinem Ast fallen.
Er schoß durch die Luft wie ein weißer Strich und landete mit einem leisen Plumpser.

„Ach du mein Schreck!“ rief der Mann. „Eine Sternschnuppe!“
„In Wirklichkeit bin ich eine Schleiereule“, sagte die Sternschnuppe. „Was ist das, was du da hast?“
„Ein Fernrohr“, sagte der Mann. „Eine Schleiereule bist du, sagst du? So, so. Ich dachte, du wärst ein Meteor. Wie geht's?“
„Wo soll ich hingehen?“ fragte Platsch.
„Ach – du weißt doch, was ich meine. Wie fühlst du dich?“

„Hungrig", sagte Platsch. „Ich dachte, du hättest gesagt, ich sei eine Sternschnuppe. Und jetzt sagst du, ich sei ein Meteor."
„Ein Meteor *ist* eine Sternschnuppe."
„Oh", sagte Platsch. „Und wofür ist der Fernseher?"
„Fernrohr. Um Dinge wie Sterne und Planeten damit zu betrachten."
„Ooh! Darf ich bitte auch mal?"
„Natürlich", sagte der Mann. „Aber ich fürchte, daß die Nacht heute nicht sehr dafür geeignet ist. Es ist zu wolkig."
„Ich mag Dunkelheit nicht sonderlich gern", sagte Platsch.
„Wirklich?" fragte der Mann. „Sehr eigenartig. Da verpaßt du doch eine Menge. *Dunkelheit ist herrlich.*"
„Erklär mir das", sagte Platsch. „Bitte."
„Ich mache noch etwas Besseres – ich zeige es dir", sagte der Mann. „Komm und leg dein Auge – nein, nein! An *dieses* Ende!"
Platsch war hochgehüpft, trippelte über das Fernrohr und schaute jetzt rückwärts zwischen seinen Beinen hindurch zum falschen Ende hinein.
„Ich sehe nichts", sagte er.

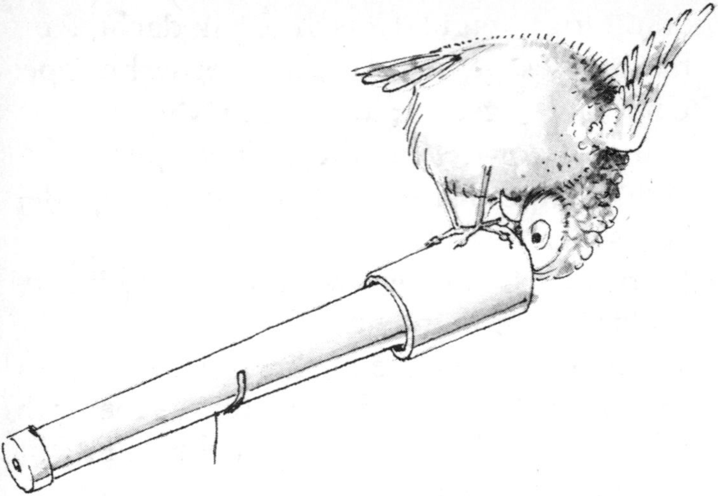

„Das überrascht mich nicht", sagte der Mann. „Versuch es mal an diesem Ende!"
Wacklig überquerte Platsch das Fernrohr noch einmal. Dann ließ ihn der Mann auf seinem Handgelenk sitzen, damit sich sein Auge auf derselben Höhe befand wie die Linse.
„Siehst du jetzt etwas?"
„O ja", sagte Platsch. „Das Fernrohr macht, daß alles näher kommt, hab ich recht? Ich sehe einen ganz, ganz hellen Stern. Er muß ganz in der Nähe sein."
„Ja – er ist nur vierundfünfzig Millionen Millionen Meilen entfernt."

„Millionen Millionen – !“ keuchte Platsch.
„Ja. Das ist der Sirius, der Hundsstern. Du hast ganz recht – er ist einer der nächsten.“ Offensichtlich waren Millionen Millionen Meilen für den Mann mit dem Fernrohr gar nichts.
„Warum nennt man ihn den Hundsstern?“ fragte Platsch.
„Weil er zu Orion, dem Sternbild des großen Jägers, gehört. Schau! Da ist es. Siehst du die drei nahe beieinander liegenden Sterne?“

Platsch zog den Kopf vom Fernrohr zurück und blinzelte.
„Kann ich das andere Auge nehmen?“ fragte er. „Das da wird langsam sehr müde.“

„Ja, natürlich. So – schau mal, ob du den Orion finden kannst."
„Hast du gesagt, da wären drei Sterne eng beieinander?"
„Ja – das ist sein Gürtel."
„Und dahinter sind ein paar schwächere Sterne?"
„Ja – das ist sein Schwert."
„Ich hab ihn!" schrie Platsch. „Ich habe Orion, den großen Jäger gefunden. Ich wußte nie, daß Sterne Namen haben. Zeig mir noch mehr."
„Tja, mal sehen, ob wir den Polarstern finden. Momentchen – dafür muß ich das Fernrohr in die andere Richtung drehen."
Platsch saß obendrauf und fuhr mit, und dann zeigte ihm der Mann, wie man den Großen Wagen und die beiden Sterne fand, die geradewegs hinauf zum Polarstern weisen. „Der ist auch ziemlich hell, was?" fragte Platsch.
„Ja. Schau! Jetzt, wo du den Polarstern finden kannst, wirst du dich nie mehr verirren, denn er steht genau über dem Nordpol. Also weißt du für alle Zeiten, wo Norden ist."

„Ist das wichtig?" fragte Platsch.
„Sehr", sagte der Mann. „Ach du mein Schreck! Was war denn das?" Ein schauriger, langgezogener Schrei hatte die Stille der Nacht durchschnitten.
„Oje. Ich vermute, das ist mein Vater", sagte Platsch. Sie schauten nach oben. Eine gespenstische, weißliche Gestalt kreiste über ihnen. „Ja, das ist er. Ich sage ihm wohl besser, daß ich hier bin. Iiiiiik!"
„Oh!" rief der Mann und fuhr zusammen. „Du solltest die Leute warnen, bevor du so etwas machst. Weißt du, ich habe mich oft gefragt, was das für ein Schrei ist. Von jetzt an weiß ich, daß das nur du sein kannst oder dein Vater."
„Oder meine Mutter", sagte Platsch. „Ich muß jetzt wirklich gehen. Vielen, vielen herzlichen Dank, daß du mir das mit den Sternen erklärt hast." Er hüpfte ein Stück auf dem Fernrohr nach oben und machte seine komische kleine Verbeugung. „Auf Wiedersehen."
„Auf Wiedersehen, Meister Schleiereule. Ein schönes Sterngucken wünsche ich dir!"
Platsch flog hinauf an die Seite seines Vaters,

und zusammen landeten sie auf dem Landeast.

„Nun?“ sagte Platschs Mutter.

„Der Mann mit dem Fernrohr sagt, *Dunkelheit ist herrlich*, und er nannte mich ‚Meister Schleiereule‘, und...“

„Und was meinst du, Platsch?“

„Ich weiß, was *ich* meine“, sagte Herr Schleiereule, ohne Platsch Gelegenheit zu einer Antwort zu geben. „Ich finde es ein bißchen unverschämt, daß Meister Schleiereule seine armen Eltern äußerst dringlich auf Futtersuche schickt und es dann nicht einmal für nötig hält, zu Hause zu sein, wenn sie wiederkommen. Ich dachte, du wärst am Verhungern?“

„Bin ich auch“, sagte Platsch. „Aber wußtest du, daß der Hundsstern vierundfünfzig Millionen Millionen Meilen entfernt ist...“

„Willst du jetzt dein Abendessen oder willst du es nicht?“ fragte Herr Schleiereule.

„O ja!“ sagte Platsch. Er verschlang das, was ihm sein Vater gebracht hatte. Und er verschlang das, was ihm seine Mutter gebracht hatte, und nicht nur, daß er sich nicht erkundigte, was er eben gefressen hatte, nein, er fragte nicht einmal: „Was gibt es als nächstes?“

Was er sagte war: „Papa, weißt du, wie du den Polarstern finden kannst? Soll ich es dir zeigen?“
„Ich bitte darum“, sagte Herr Schleiereule und schenkte seiner Frau ein langgezogenes Blinzeln. „Alles, was dich derart von deinem Magen ablenkt, muß es einfach wert sein, gesehen zu werden!“
Platsch gab keine Ruhe – und auch seine Eltern bekamen keine –, bevor er sich nicht einigermaßen davon überzeugt hatte, daß sie alle Sterne erkannten, die ihm der Mann mit dem Fernrohr gezeigt hatte.
Um vier Uhr morgens war er immer noch dabei.

„Bist du sicher, daß du das mit dem Polarstern jetzt verstanden hast?“ fragte er seine Mutter, die ihm ein bißchen begriffsstutzig vorkam.

„Ich glaube schon, Schatz“, gähnte Frau Schleiereule. „Man muß das Ding finden, das wie ein großer Wagen aussieht, das aber in Wirklichkeit ein großer Bär ist – oder ist es ein kleiner? – und der Polarstern ist – äh – in der Nähe vom Nordstern.“

„Der Polarstern *ist* der Nordstern“, sagte Platsch ungeduldig. „Und die beiden Sterne, die vorne am Großen Wagen stehen, deuten auf ihn. Ich finde, du gibst dir keine Mühe. Du hast nicht zugehört.“

„Doch, haben wir“, sagte Herr Schleiereule. „Wir haben stundenlang zugehört. Ich glaube, daß Mama vielleicht einfach ein bißchen müde ist...“

„Ihr müßt doch wissen, wie man den Polarstern findet“, sagte Platsch. „Sonst verirrt ihr euch vielleicht.“

„Ich verirre mich nie“, sagte sein Vater entrüstet. „Und deine Mutter auch nicht. Sei jetzt ein guter Junge und geh in dein Nestloch. Ich will mal sehen, ob ich etwas Gutes

für dein Nachtessen finde. Du kannst es ausnahmsweise im Bett fressen, hmm?“
„Na gut“, sagte Platsch. „Aber ich finde wirklich, daß ihr über diese Dinge Bescheid wissen müßtet. Ich muß morgen noch mal versuchen, es euch zu erklären.“

Herr Schleiereule drehte sich entsetzt zu seiner Frau um. „Nein! Nicht noch einmal! Das halte ich nicht aus!“
„Mach dir nichts draus, Lieber“, sagte Frau Schleiereule besänftigend. „Dafür mußtest du heute nacht längst nicht soviel jagen wie sonst.“
„Ich bin nicht so sicher, ob diese Sternguckerei nicht viel ermüdender ist, als das Faß ohne Boden vollzustopfen!“ stöhnte Herr Schleiereule.

„Ach ja, Papa." Platsch streckte den Kopf aus dem Nestloch. „Habe ich dir von Orion erzählt? Orion ist der große Jäger, und – oh, Papa ist weg!"

„Ja, Schatz, er muß seine Jagd zu Ende bringen, bevor es hell wird", sagte seine Mutter. „Jetzt geh wieder hinein – und daß du dich ordentlich hinter den Ohren putzt! Ich komme in einer Minute und kontrolliere."

Also fraß Platsch sein Nachtessen im Bett. Und dann schlief er den ganzen Tag wie ein richtiger Nachtvogel.

Dunkelheit ist wunderschön

Als Platsch erwachte, wurde es schon dunkel. Er kam heraus auf den Landeast. Eine aufregende, frostige Frische lag in der Luft.
„Wer will denn ein Tagvogel sein?“ rief Platsch in die Dunkelheit. „Ich bin, was ich bin!“
„*Was* grölt er da herum?“ fragte Herr Schleiereule, der aus dem Schlaf hochgefahren war.
„Ich glaube, Platsch macht es langsam Spaß, daß er eine Eule ist. Endlich“, sagte Frau Schleiereule. „Psst! Tu so, als schliefest du noch.“

Platsch kam herbeigestakst und musterte sie. Hoch aufgerichtet saßen sie da. Wie konnte man nur in so einer herrlichen Nacht schlafen? Also *er* würde nicht hier herumlungern und auf sie warten. Vielleicht verpaßte er ja was. Vielleicht war der Mann mit dem Fernrohr wieder da oder ein paar Pfadfinder oder irgendwas. Er würde hinunterfliegen und nachsehen.

Also machte Platsch die Augen zu, holte tief Luft und ließ sich von seinem Ast fallen.

Er schwebte auf seinen kleinen weißen Flügeln hinunter und landete wie eine Feder. Er war sehr stolz auf sich und schaute sich um. Aus dem Schatten unter dem Baum leuchteten zwei eigenartige Lampen. Platsch ging näher heran und stellte fest, daß die Lampen zwei Augen waren, die nicht blinzelten und einem großen schwarzen Kater gehörten. Platsch wartete eine Minute, aber das, worauf er wartete, passierte nicht.

„Willst du nichts sagen?“ fragte er schließlich. „Alle anderen haben was gesagt.“

„Was sollte ich sagen?“ fragte der Kater mit schleppender Stimme.

„Was hast du denn gedacht, wer ich bin?“

fragte Platsch. „Man hat mich fälschlicherweise für ein Feuerrad gehalten, für einen Donnerschlag, für einen flauschigen Ball, für ein Schätzchen, für eine Sternschnuppe und sogar für einen Rollmops. Erinnere ich dich an gar nichts?“

„Ich finde, du siehst aus wie ein Eulenküken“, sagte der Kater. Dann, als er Platschs enttäuschtes Gesicht sah, fügte er hinzu: „Aber einen Augenblick habe ich mich tatsächlich gefragt, ob es anfängt zu schneien.“

„Du hast mich für eine Schneeflocke gehalten?“ fragte Platsch, und sein Gesicht hellte sich auf.

„Ja, aber als du landetest, entdeckte ich, daß du eher wie ein dicker kleiner Schneemann aussiehst“, sagte der Kater. „Und da wurde mir klar, daß du ein Eulenküken bist.“

„Ja, aber weißt du auch, was für eine *Art* von Eule ich bin?“ fragte Platsch.

„Nein“, bekannte der Kater. „Kann ich nicht behaupten.“

„Ich bin eine Schleiereule“, sagte Platsch.

„Wirklich?“ sagte der Kater. „Tja, ich bin vermutlich eine Hauskatze. Mein Name ist Orion.“

„Orion! Der große Jäger!“ hauchte Platsch. „Vielen Dank“, sagte der Kater und strich sich bescheiden mit der Pfote über seine schönen Schnurrbarthaare. „Ich bin tatsächlich ein guter Mäusejäger, aber daß ich so berühmt bin, wußte ich nicht.“

„Orion“, sagte Platsch noch einmal. „Ich wollte, ich hätte auch so einen Namen.“
„Wie heißt du denn?“ fragte der Kater.
„Platsch“, sagte Platsch. „Ist das nicht ein gräßlicher Name?“
„Ach, ich weiß nicht – er ist – äh – anders“, sagte der Kater liebenswürdig. „Zumindest ist er kurz. Für Orion gibt es eigentlich keine

Abkürzung, also nennt man mich gewöhnlich ‚Mieze', und ich kann nicht sagen, daß ich davon sehr begeistert bin."

„Ich werde dich Orion nennen", sagte Platsch.

„Danke. Hör mal – äh – Platsch. Ich wollte gerade jagen gehen. Willst du mitkommen?"

„Ich weiß nicht", sagte Platsch. „Lust hätte ich schon, glaube ich, aber ich fühle mich nicht so wohl im Dunkeln."

„Oje. Dagegen müssen wir etwas unternehmen", sagte Orion.

„Was?" fragte Platsch. „Was soll man machen, wenn man Angst hat vor der Dunkelheit?"

„Ich glaube nicht, daß du wirklich Angst hast vor der Dunkelheit", sagte Orion. „Das bildest du dir nur ein. *Dunkelheit ist wunderschön.* Nimm mal so eine Nacht wie die heute. Sieh dich um. Ist sie nicht wunderschön?"

Platsch sah sich um. Der Mond war aufgegangen, und alles war in sein weißes Licht getaucht.

„Ich liebe das Mondlicht", sagte der Kater. „Das Mondlicht hat Zauberkraft. Es verwandelt alles, was es berührt, zu Silber, vor allem in frostigen Nächten wie heute. Komm mit, Platsch, und ich zeige dir eine wunderschöne Welt aus funkelndem Silber – die geheime Nachtwelt der Katzen und Eulen. Die Tageskreaturen schlafen. Sie gehört uns ganz allein, Platsch. Kommst du mit?"

„Ja!" sagte Platsch. „Ich komme. Aber du mußt warten, bis ich Mama Bescheid gesagt habe." Wie der Blitz flog er hinauf zum Landeast.

„Nun?" fragte seine Mutter.

„Orion sagt, *Dunkelheit ist wunderschön*, und er hat mich gebeten, mit ihm auf Jagd zu gehen. Ich darf doch, nicht wahr, Mama?"

„Natürlich, Schatz. Aber wer ist Orion?"

„Der große Jäger!" sagte Platsch. „Bis später."

Als Herr Schleiereule von seinem ersten Feldzug heimkehrte, fand er seine Frau ein wenig erregt vor.

„Ich glaube, diese ganze Sternguckerei ist Platsch zu Kopf gestiegen", sagte sie. „Er sagte, er wolle mit Orion, dem großen Jäger, auf Jagd gehen. Das war doch einer von den

Sternen, die er uns gestern nacht zeigte, nicht wahr?"

„Also ich habe ihn gerade mit einem ganz gewöhnlichen schwarzen Kater gesehen", sagte Herr Schleiereule. „Sie tapsten auf leisen Pfoten zwischen den Schornsteinen auf den Häusern bei der Kirche herum."

„So weit von zu Hause – bis du *sicher*, daß es Platsch war, den du gesehen hast?" fragte Frau Schleiereule.

Es war tatsächlich Platsch, den er gesehen hatte. Orion hatte ihn in seine Dächerwelt mitgenommen. Kletternd und hüpfend führte der Kater den Weg an, und Platsch flatterte hinterher.

Zusammen saßen sie auf dem höchsten Dach und schauten auf die schlafende Stadt hinunter – ein Kater, der aussah wie schwarzer Samt, und eine Eule, die aussah wie eine kleine, weiße Puderquaste.
„Nun?“ sagte der Kater.
„Es ist – es ist – oh, mir fehlen die Worte“, flüsterte Platsch. „Aber du hast recht, Orion. Ich bin tatsächlich ein Nachtvogel. Wie kann man bloß die ganze Nacht verschlafen und das hier verpassen!“
„Und dabei ist das heute nur eine Nacht unter vielen“, sagte Orion. „Es gibt noch viele andere Arten von Nächten, und alle sind sie wunderschön. Es gibt heiße, duftende Sommernächte; und kalte, windige Nächte, in denen die sich gegenseitig hin und her schiebenden Wolken ausgefranste Schatten auf die Erde werfen; es gibt atemlose, donnergrollende Nächte, die ganz plötzlich von gezackten weißen Blitzen zerfetzt werden; es gibt frische Frühlingsnächte, in denen es nicht einmal die Tagvögel über sich bringen, zu schlafen; und es gibt gedämpfte Winternächte, in denen der Schnee die Erde mit einem Teppich bedeckt

und die Häuser und Bäume mit einem Zukkerguß überzieht. Ach, die Nächte, die ich schon gesehen habe – und die du, Platsch, als Nachtvogel noch sehen wirst!"
„Iiiik", sagte Platsch. „Das ist meine Welt, Orion. Ich muß nach Hause."

„Schon? Wir haben doch noch gar nicht gejagt, und ich muß dir noch eine Menge zeigen – einen gläsernen Teich, auf dem der Mond schwimmt, und ..."
„Ich muß gehen, Orion. Ich will sie überraschen. Ich danke dir dafür, daß du mir gezeigt hast, daß ich ein Nachtvogel bin."
Er machte seine komische kleine Verbeugung, und der schwarze Kater erwiderte sie feierlich. „Leb wohl, Platsch", sagte er. „Und

ich wünsche dir noch viele, viele schöne Nächte!"
Platsch flog los, zog einen Kreis, stieß zum Abschied ein letztes „Iik!" aus und flog dann geradewegs und ohne sich zu verirren zurück zu seinem Baum.
„Nun?" sagte seine Mutter.
Platsch holte tief Luft. „Der kleine Junge sagte, *Dunkelheit ist aufregend*. Die alte Dame sagte, *Dunkelheit ist gütig*. Der Pfadfinder sagte, *Dunkelheit macht Spaß*. Das kleine Mädchen sagte, *Dunkelheit ist notwendig*. Die Nikolaus-Dame sagte, *Dunkelheit ist faszinierend*. Der Mann mit dem Fernrohr sagte, *Dunkelheit ist herrlich*, und Orion, der schwarze Kater, sagt, *Dunkelheit ist wunderschön*."
„Und was meinst du, Platsch?"
Platsch schaute übermütig zu seiner Mutter auf. „Ich meine", sagte er, „ich finde – *Dunkelheit ist super*! Psst! Papa kommt. Sag kein Wort!"
Herr Schleiereule landete mit einem kräftigen Flügelklatschen. Er ließ etwas vor Platschs Füße fallen.
Platsch verschlang es in einem Stück.

„Das war prima", sagte er. „Was war es?"
„Eine Wühlmaus."
„Wühlmaus mag ich", sagte Platsch. „Was gibt es als nächstes?"

„Warum kommst du nicht einfach mit und schaust selbst?"
„Mache ich", sagte Platsch.
Herr Schleiereule blinzelte. „Was hast du da gesagt?"
„Ich sagte, ‚mache ich'", sagte Platsch. „Ich würde gern mit dir jagen kommen."
„Ich dachte, du hättest Angst vor der Dunkelheit?"
„Ich?" sagte Platsch. „Angst vor der Dunkelheit? Das war vor langer, langer Zeit!"
„Na so was!" sagte sein Vater. „Worauf warten wir noch? Gehen wir also auf Jagd!"

„He, wartet auf mich!“ sagte Platschs Mutter. „Ich komme auch mit.“
Also flogen sie zusammen im Mondlicht los – Herr Schleiereule auf der einen Seite, Frau Schleiereule auf der anderen und Platsch in der Mitte.
Platsch, der Nachtvogel.

RTB Tierbuch

RTB 379 ab 11

RTB 986 ab 10

RTB 1557 ab 9

RTB 1626 ab 11

RTB 1708 ab 10

RTB 1725 ab 10

Ravensburger TaschenBücher